# ومتى صمتم . . .

ديريك برنس

# ومتى صمتم

Originally published in English under the title
**Fasting**
ISBN 978-0-88368-258-6

**المـــؤلـــــف:** ديريك برنس
**النـــاشـــر:** المؤسسة الدولية للخدمات الاعلامية
ت: ٩٨٨٩ ٨٥٥ ١٠٠ ٢٠+
**المطبعـــــــة:** مطبعة سان مارك ت: ٢٣٤١٨٨٦١ ٢٠٢+
**التجهيـز الفنـــي:** جي سي سنتر ت: ٢٦٣٧٣٦٨٦ ٢٠٢+
**الموقع الالكتروني:** www.dpmarabic.com
**البريـد الالكترونـي:** sales@dpmarabic.com
رقـــم الايـــداع: ٢٢٠٦٢ _ ٢٠٠٧/١٠/١
التـرقيـم الـدولـي: 977-6194-08-7

Derek Prince Ministries–International
PO Box 19501
Charlotte, North Carolina 28219
USA
**Translation is published by permission**

www.derekprince.com

DPM

# المحتويات

# نبذة عن المؤلف

ولد "ديريك برنس" في الهند عام ١٩١٥ من والدين بريطانيين. تعلم اليونانية واللاتينية في اثنين من أشهر المؤسسات التعليمية في بريطانيا العظمى هما : كلية أيتون وجامعة كامبردج. والتحق بعضوية كلية "kings" للفلسفة القديمة والمعاصرة في الفترة ما بين (١٩٤٠ – ١٩٤٩) في كامبردج. درس اللغات العبرية الآرامية كما يجيد عدداً من اللغات الحديثة.

في السنوات الأولى من الحرب العالمية الثانية، وبينما كان يخدم في الفليق الطبي للجيش الملكي البريطاني، تقابل "ديريك برنس" مع الرب يسوع فتغيرت حياته، وهو يكتب عن هذا الاختبار قائلاً: "بعد أن تعرفت على المسيح توصلت إلى حقيقتين، لم أصادف سبباً واحداً يدعوني إلى التخلي عنهما: إن يسوع المسيح حي،وأن الكتاب المقدس صحيح ومناسب لكل زمان. لقد غيرت هاتان الحقيقتان مسار حياتي بشكل جذري".

تزوج "ديريك" من زوجته الأولى "ليديا" وتبنى تسع بنات. وعام ١٩٧٥ رقدت "ليديا" فتزوج "ديريك" زوجته الحالية "روث" عام ١٩٧٨.

وصل "ديريك" بأسلوبه اللاطائفي إلى أُناس من مختلف الخلفيات العرقية والدينية. وهو معروف كأحد رواد تفسير الكتاب المقدس في العالم.وقد نشر أكثر من ثلاثين كتاباً، تُرجم بعضها إلى أكثر من خمسين لغة.

الآن وقد أصبح في حوالي الثمانين من عمره، مازال "ديريك برنس" يسافر عبر العالم يقدم الحق الإلهي ويصلي من أجل المرضى والحزانى، ويشارك رؤيته النبوية العميقة حول أحداث العالم في ضوء الكتاب المقدس.

# الفصل الأول

# غاية الصوم الأساسية

الصوم هو أحد مفاتيح النجاح الروحي المهملة؛ فبينما نراه واضحاً في كل أجزاء الكتاب المقدس، نرى أيضاً أنَّ كنيسة اليوم قد همَّشت دوره وأهملته.

ويمكن تعريف الصوم بأنه "امتناع طوعي عن الطعام لأجل أهداف روحية." فضلاً عن أنَّ بعض الناس يصومون عن الماء أيضاً، إلا أنَّ هذا هو استثناء لا القاعدة. أمَّا القاعدة فنراها في صوم يسوع في البرية قبيل استعلان خدمته، حيث نقرأ في (متى ٤: ٢) ما يلي:

**"فَبَعْدَ مَا صَامَ أَرْبَعِينَ نَهَاراً وَأَرْبَعِينَ لَيْلَةً جَاعَ أَخِيراً."**

من الواضح أن يسوع لم يمتنع عن شرب الماء خلال تلك الفترة، لأنَّ من يصوم عن الماء يعطش قبل أن يجوع. لكن الكتاب لا يقول: " ... عطش أخيراً،" بل

يقول " ... جاع أخيراً"، وهذا يشير إلى أن يسوع صام عن الطعام فقط ولم يصم عن الماء.

يبدو الصوم للكثيرين أمراً غير مألوف، بل ومخيفاً أحياناً، غير أن الغرابة هي في موقفهم لا في الصوم؛ فكل الكتاب يُبَيِّنُ أن الصوم كان ممارسةً اعتياديةً عند شعب اللَّه. بالإضافة إلى أن الصوم هو ركن أساسي في معظم الأديان الكبيرة في العالم، كالإسلام والبوذية والهندوسية.

# الصوم والتواضع

الهدف الرئيسي من الصوم هو تواضع النفس، إنها وسيلة أعلنها اللَّه لنا في كلمة مكتوبة، لكي نتمكن من الإتضاع أمامه. يطالب اللَّه شعبه دائماً بأن يتواضعوا أمامه، هذا ما تؤكده الكلمة المكتوبة في مواضع كثيرة. فيما يلي أربعة أمثلة من العهد الجديد.

• "فَمَنْ وَضَعَ نَفْسَهُ مِثْلَ هَذَا الْوَلَدِ فَهُوَ الأَعْظَمُ فِي مَلَكُوتِ السَّمَاوَاتِ." (متى ١٨ : ٤)

• "فَمَنْ يَرْفَعْ نَفْسَهُ يَتَّضِعْ، وَمَنْ يَضَعْ نَفْسَهُ يَرْتَفِعْ". (متى ٢٣ : ١٢)

• "اتَّضِعُوا قُدَّامَ الرَّبِّ فَيَرْفَعَكُمْ." (يعقوب ٤ : ١٠)

• "فَتَوَاضَعُوا تَحْتَ يَدِ اللَّهِ الْقَوِيَّةِ لِكَيْ يَرْفَعَكُمْ فِي حِينِهِ". (١ بطرس ٥ : ٦)

أحد أهم دلالات هذه الأعداد، هي المسئولية الشخصية من نحو الاتضاع؛ فليس لنا أن نلقي بهذه المسؤولية على اللَّه فنصلي قائلين: " يا رب، اجعلني

متواضعاً"، حيث يجيبك اللّـه دائماً:

"بل ضع نفسك أنت!" لقد أعلن لنا اللّـه في كلمته طريقة عملية محددة تقودنا إلى وضع نفوسنا، حيث يعلن داود بأنَّ الصوم هو الطريقة التي اتبعها لوضع نفسه أو إذلالها على حد تعبيره.

"... **أَذْلَلْتُ بِالصَّوْمِ نَفْسِي**" (مزمور ٣٥ : ١٣)

فلننظر في بعض الأمثلة الكتابية التي تبين كيف مارس شعب اللّـه التواضع من خلال الصوم: نقرأ من سفر عزرا، ونرى كيف هيأ عزرا نفسه لقيادة اليهود العائدين من سبي بابل. كانت الرحلة أمامهم شاقة وطويلة، وكان عليهم أن يعبروا أراضٍ يسيطر عليها أعداؤهم، ويكثر فيها قُطّاع الطرق، كانوا يحملون آنية الهيكل المقدسة، وبرفقتهم زوجاتهم وأطفالهم؛ فهم في أمس الحاجة إلى الحماية والأمان. أما عزرا فكان أمام خيارين لا ثالث لهما : إمَّا أن يلجأ إلى ملك فارس لكي يوفر له جيشاً وفرساناً، وإما أن يثق باللّـه؛ فاختار عزرا الثقة باللّـه وقال:

"**وَنَادَيْتُ هُنَاكَ بِصَوْمٍ عَلَى نَهْرِ أَهْوَا لِنَتَذَلَّلَ أَمَامَ**

إِلَهِنَا لِنَطْلُبَ مِنْهُ طَرِيقاً مُسْتَقِيمَةً لَنَا وَلأَطْفَالِنَا وَلِكُلِّ مَالِنَا. لأَنِّي خَجِلْتُ مِنْ أَنْ أَطْلُبَ مِنَ الْمَلِكِ جَيْشاً وَفُرْسَاناً لِيُنْجِدُونَا عَلَى الْعَدُوِّ فِي الطَّرِيقِ لأَنَّنَا قُلْنَا لِلْمَلِكِ: «إِنَّ يَدَ إِلَهِنَا عَلَى كُلِّ طَالِبِيهِ لِلْخَيْرِ وَصَوْلَتَهُ وَغَضَبَهُ عَلَى كُلِّ مَنْ يَتْرُكُهُ». فَصُمْنَا وَطَلَبْنَا ذَلِكَ مِنْ إِلَهِنَا فَاسْتَجَابَ لَنَا." (عزرا ٨: ٢١).

كان على عزرا أن يختار بين ما هو جسدي وما هو روحي، كان بإمكانه أن يلجأ إلى الخيار الجسدي طالباً جيشاً وفرساناً من الملك، وما كان ذلك ليكون خطية، لكنه يدل على مستوى منخفض من الإيمان، لكنه لجأ إلى خيار روحي، اختار أن ينظر إلى اللَّه متضرعاً إليه وطالباً عونه الفائق للطبيعة. وقد عرف عزرا وشعب اللَّه كيف يفعلون ذلك بطريقة صحيحة، فقد كان الأمر بديهياً بالنسبة لهم، فصاموا، وتذللوا أمام اللَّه، وتضرعوا إليه فاستجاب لهم، ووفر لهم رحلة آمنة كما أرادوا.

في سفر أخبار الأيام الثاني نقرأ عن حادثة تعرضت لها مملكة يهوذا أثناء حكم الملك يهوشافاط:

"فَجَاءَ أُنَاسٌ وَأَخْبَرُوا يَهُوشَافَاطَ: «قَدْ جَاءَ عَلَيْكَ جُمْهُورٌ كَثِيرٌ مِنْ عَبْرِ الْبَحْرِ مِنْ أَرَامَ وَهَا هُمْ فِي حَصُّونَ تَامَارَ» (هِيَ عَيْنُ جَدْيٍ). فَخَافَ يَهُوشَافَاطُ، وَجَعَلَ وَجْهَهُ لِيَطْلُبَ الرَّبَّ، وَنَادَى بِصَوْمٍ فِي كُلِّ يَهُوذَا. وَاجْتَمَعَ يَهُوذَا لِيَسْأَلُوا الرَّبَّ. جَاءُوا أَيْضاً مِنْ كُلِّ مُدُنِ يَهُوذَا لِيَسْأَلُوا الرَّبَّ." (٢أخبار الأيام ٢٠ : ٢-٤)

فصلى يهوشافاط طالباً عون اللّه، ونقرأ في خاتمة صلاته هذه الكلمات الهامة جداً:

"يَا إِلهَنَا أَمَا تَقْضِي عَلَيْهِمْ لأَنَّهُ لَيْسَ فِينَا قُوَّةٌ أَمَامَ هَذَا الْجُمْهُورِ الْكَثِيرِ الآتِي عَلَيْنَا وَنَحْنُ لاَ نَعْلَمُ مَاذَا نَعْمَلُ وَلكِنْ نَحْوَكَ أَعْيُنُنَا." (٢أخبار الأيام ٢٠ : ١٢)

هذه هي الكلمات الرئيسية: " ... ليس فينا قوة... لا نعلم ماذا نعمل ..." فكان عليهم أن يلجأوا إلى اللّه طالبين معونته الفائقة للطبيعة، وقد أدركوا تماماً كيف يلجأون إلى اللّه؛ لقد تخلوا عن ما هو طبيعي، لكي ينالوا ما هو فائق للطبيعة.

مثال آخر عن ممارسة الصوم في العهد القديم،

نأخذه من مراسيم يوم الكفارة:

**«وَيَكُونُ لَكُمْ فَرِيضَةً دَهْرِيَّةً أَنَّكُمْ فِي الشَّهْرِ السَّابِعِ فِي عَاشِرِ الشَّهْرِ تُذَلِّلُونَ نُفُوسَكُمْ، وَكُلَّ عَمَل لاَ تَعْمَلُونَ: الْوَطَنِيُّ وَالْغَرِيبُ النَّازِلُ فِي وَسَطِكُمْ. لأَنَّهُ فِي هذَا الْيَوْمِ يُكَفِّرُ عَنْكُمْ لِتَطْهِيرِكُمْ. مِنْ جَمِيعِ خَطَايَاكُمْ أَمَامَ الرَّبِّ تَطْهُرُونَ. سَبْتُ عُطْلَةٍ هُوَ لَكُمْ، وَتُذَلِّلُونَ نُفُوسَكُمْ فَرِيضَةً دَهْرِيَّةً."** (لاويين ١٦: ٢٩ - ٣١)

لقد حافظ اليهود على هذه الفريضة منذ ٣٥٠٠ سنة، وكان يوم الكفارة بالنسبة لهم هو يوم الصوم. هذا ما يؤكده العهد الجديد أيضاً، حيث يصف سفر أعمال الرسل رحلة بولس البحرية إلى روما قائلاً:

**"وَلَمَّا مَضَى زَمَانٌ طَوِيلٌ وَصَارَ السَّفَرُ فِي الْبَحْرِ خَطِراً، إِذْ كَانَ الصَّوْمُ أَيْضاً قَدْ مَضَى..."** (أعمال ٢٧ : ٩).

المقصود بالصوم هنا هو يوم الكفارة، والذي يأتي دائماً في نهاية أيلول (سبتمبر) وبداية تشرين الأول (أكتوبر)، أي في مطلع الشتاء. ويُظهر العهد الجديد أن اليهود كانوا يحتفلون بيوم الكفارة هذا على اعتبار أنه يوم "الصوم"، فكان اللّه قد طالب شعبه القديم

بتذليل نفوسهم أمامه بصوم جماعي، وقد قرأنا من سفر اللاويين عن موعد ومراسيم ذلك اليوم الذي هو أقدس الأيام في تقويم اليهود.

هنا حقيقتان يجب ملاحظتهما:

أولاً: كان الصوم في هذه الحالة هو تجاوب الإنسان مع ما أنعم به اللَّه عليه من غفران وتطهير، فقد كان رئيس الكهنة يدخل إلى قدس الأقداس في ذلك اليوم لينضح على التابوت من دم ذبيحة الكفارة.

ثانياً: كانت هذه الكفارة فعالة في حياة كل الذين يقبلونها عن طريق الصوم بالذات.

بكلمات أخرى، أنجز اللَّه دوره، وعلى الإنسان أن يقوم بدوره أيضاً. وهذا ينطبق على كثير من تعاملات اللَّه مع الإنسان، فاللَّه يقوم بدوره، لكنه يتوقع تجاوبنا. وكثيراً ما يكون الصوم هو التجاوب الذي يتوقعه اللَّه.

من المؤكد أن اللَّه طالب جميع شعبه في ظل العهد القديم بالصوم، وكل من لا يصوم في يوم الكفارة كان

يُقطع من شعب اللَّه. وهذا يبين الأهمية البالغة التي أولاها اللَّه لتلك الممارسة، باعتبارها الطريقة التي عينها، لكي يصل شعبه إلى التواضع أمامه، ولكي يكونوا مؤهلين لنيل بركاته التي وفرها لهم.

# الفصل الثاني

# الصوم وأمثلة من العهد الجديد

رأينا في الفصل الأول أن الصوم هو مفتاح روحي ضائع؛ فبينما نجد مبدأ الصوم واضحاً عبر صفحات الكتاب المقدس، نجد أيضاً أن كنيسة اليوم لا توليه القدر الكافي من الاهتمام. وقلنا أن هدف الصوم الرئيسي — كما يعلنه الكتاب — هو وضع النفس وتذليلها أمام اللَّه، الصوم هو الطريقة التي تقدمها كلمة اللَّه لكي نستطيع أن نتواضع أمام اللَّه، لقد أعلن اللَّه طريقة عملية بسيطة تقودنا إلى التواضع وهي الصوم.

بعد ذلك، نظرنا في بعض الأمثلة من العهد القديم: داود في المزامير، عزرا والعودة من السبي، يهوشافاط وشعب يهوذا، وأخيراً يوم الكفارة الذي يتعين على كل يهودي أن يصوم فيه.

أما جوهر الصوم الأهم فهو التخلي عن ما هو طبيعي، سعياً إلى ما هو فائق للطبيعة، فمن الطبيعي جداً لنا أن نأكل، وعندما نمتنع عن الأكل، فنحن نتخلى

بإرادتنا عن الطبيعي، ونتوجه نحو اللّٰه، ونحو ما هو فائق للطبيعة، ولمثل هذا الموقف أهمية عميقة.

## الصوم في حياة الرب يسوع

كان الصوم جزءاً رئيسياً من حياة الرب يسوع
وخدمته، وأصبح بعد ذلك جزءاً من حياة الكنيسة في
العهد الجديد. نبدأ أولاً بالتأكيد على ممارسة الرب
يسوع نفسه للصوم كما تبين الأناجيل:

«أَمَّا يَسُوعُ فَرَجَعَ مِنَ الأُرْدُنِّ مُمْتَلِئاً مِنَ الرُّوحِ
الْقُدُسِ، وَكَانَ يُقْتَادُ بِالرُّوحِ فِي الْبَرِّيَّةِ أَرْبَعِينَ يَوْماً
يُجَرَّبُ مِنْ إِبْلِيسَ. وَلَمْ يَأْكُلْ شَيْئاً فِي تِلْكَ الأَيَّامِ. وَلَمَّا
تَمَّتْ جَاعَ أَخِيراً.» (لوقا ٤ : ١ – ٢)

وقد بينا سابقاً بأن هذه الكلمات تشير إلى امتناع
يسوع عن الطعام فقط لا عن شرب الماء.

لقد اختبر يسوع أمرين على قدر كبير من الحساسية
قبيل دخوله مجال الخدمة العلنية:

• الاختبار الأول هو حلول الروح القدس عليه، حيث
مُسح بقوة فائقة من أجل الخدمة، لكنه لم يباشر
الخدمة بعد ذلك بشكل فوري.

- الاختبار الثاني كان أربعين يوماً من الصوم في البرية، لقد امتنع عن الطعام الطبيعي ناظراً إلى ما هو فوق الطبيعي.

أثناء تلك الفترة، واجه يسوع الشيطان وجها لوجه، ومن خلال صومه، انتصر على الشيطان انتصاراً هائلاً.

هذا يؤكد أهمية الصوم في حياتنا، هذا إن كنا نسعى إلى الانتصار على الشيطان، فإذا كان يسوع قد احتاج إلى الصوم في معركته مع الشيطان، من منا يجرؤ أن يدعي الانتصار على الشيطان من دون صوم.

لاحظ تأثير الصوم على حياة يسوع كما هو وارد في (لوقا ٤ : ١٤) :

**" وَرَجَعَ يَسُوعُ بِقُوَّةِ الرُّوحِ إِلَى الْجَلِيلِ. وَخَرَجَ خَبَرٌ عَنْهُ فِي جَمِيعِ الْكُورَةِ الْمُحِيطَةِ."**

هناك أهمية خاصة للتعابير المستخدمة في لوقا ٤. عندما ذهب يسوع إلى البرية نقرأ أنه كان "... **مُمْتَلِئاً مِنَ الرُّوحِ الْقُدُسِ**..." (ع ١)، وبعدما رجع

من البرية، بعد أربعين يوماً من الصوم، نقرأ أنه
"... وَرَجَعَ يَسُوعُ بِقُوَّةِ الرُّوحِ..." (ع١٤)؛ فالامتلاء
من الروح شيء، بينما قوة الروح هي شيء آخر. لقد
تمتع يسوع بملء الروح بشكل خاص منذ معموديته
في نهر الأردن، لكن قوة الروح برزت في حياته وفي
خدمته بفاعلية لا مثيل لها بعد صومه؛ وأعتقد أن
هذه الحقيقة يجب أن تكون المثال الذي ينبغي أن
نقيس عليه في حياتنا الروحية.

في وقت لاحق يؤكد يسوع نفسه قائلاً:

"اَلْحَقَّ الْحَقَّ أَقُولُ لَكُمْ: مَنْ يُؤْمِنُ بِي فَالأَعْمَالُ الَّتِي
أَنَا أَعْمَلُهَا يَعْمَلُهَا هُوَ أَيْضاً، وَيَعْمَلُ أَعْظَمَ مِنْهَا لأَنِّي
مَاضٍ إِلَى أَبِي." (يوحنا ١٤ : ١٢)

أود أن أبين هنا أن أعمال يسوع بدأت بالصوم، فإذا
أردنا أن نسلك في نفس طريق الرب، فمن المنطقي أن
نبدأ من حيث بدأ هو – أي بالصوم.

وقد علّم يسوع تلاميذه عن الصوم في عظته على
الجبل فقال:

**"وَأَمَّا أَنْتَ فَمَتَى صُمْتَ فَادْهُنْ رَأْسَكَ وَاغْسِلْ وَجْهَكَ، لِكَيْ لاَ تَظْهَرَ لِلنَّاسِ صَائِماً، بَلْ لأَبِيكَ الَّذِي فِي الْخَفَاءِ. فَأَبُوكَ الَّذِي يَرَى فِي الْخَفَاءِ يُجَازِيكَ عَلاَنِيَةً."** (متى ٦: ١٧ – ١٨).

يعد يسوع بمكافأة الذين يصومون بطريقة صحيحة وبدافع صحيح. لاحظ هنا هذه الكلمة الصغيرة الهامة التي يستخدمها يسوع:

" فَمَتَى صُمْتَ...، فلم يقل: "إذا صمت..." وإلا لكان خيار الصوم في يد الإنسان، لكنه قال : " فَمَتَى صُمْتَ..." مفترضاً أن الصوم هو ممارسة طبيعية ومُسَلم بها.

يمكن تلخيص موضوع الإصحاح السادس من إنجيل متى في ثلاثة واجبات روحية رئيسية: **الصدقة، والصلاة، والصوم**، ويستخدم يسوع في تقديمها كلمة واحدة هي "متى"، فلم يقل "إذا" أبداً. في العدد ٢ يقول:

"**فَمَتَى صَنَعْتَ صَدَقَةً...**"، في العدد ٥ يقول : " **فَمَتَى صَلَّيْتَ...**" وفي العدد ١٧ يقول: "**فَمَتَى صُمْتَ...**؛" فلم

يترك يسوع مجالاً للاختيار بين ممارسة هذه الأمور الثلاثة وبين عدم ممارستها، ولكنه وضع هذه الواجبات الثلاثة على نفس المستوى من الأهمية. قد يقبل معظم المؤمنين ضرورة الالتزام بالعطاء والصلاة من دون نقاش، لكن ينبغي أن نؤكد هنا بأن الصوم لا يقل أهمية عن العطاء والصلاة، ولا يتطلب التزاماً أقل منهما.

## الصوم في الكنيسة الأولى

لم تقتصر ممارسة الصوم على يسوع، بل انتقلت إلى كنيسة العهد الجديد. نقرأ في (أعمال ١٣: ١-٤) عن كنيسة أنطاكية:

**"وَكَانَ فِي أَنْطَاكِيَةَ فِي الْكَنِيسَةِ هُنَاكَ أَنْبِيَاءُ وَمُعَلِّمُونَ: بَرْنَابَا، وَسِمْعَانُ الَّذِي يُدْعَى نِيجَرَ، وَلُوكِيُوسُ الْقَيْرَوَانِيُّ، وَمَنَايِنُ الَّذِي تَرَبَّى مَعَ هِيرُودُسَ رَئِيسِ الرُّبْعِ، وَشَاوُلُ. وَبَيْنَمَا هُمْ يَخْدِمُونَ الرَّبَّ وَيَصُومُونَ قَالَ الرُّوحُ الْقُدُسُ: «أَفْرِزُوا لِي بَرْنَابَا وَشَاوُلَ لِلْعَمَلِ الَّذِي دَعَوْتُهُمَا إِلَيْهِ». فَصَامُوا حِينَئِذٍ وَصَلُّوا وَوَضَعُوا عَلَيْهِمَا الأَيَادِيَ ثُمَّ أَطْلَقُوهُمَا. فَهذَانِ إِذْ أُرْسِلاَ مِنَ الرُّوحِ الْقُدُسِ انْحَدَرَا إِلَى سَلُوكِيَةَ، وَمِنْ هُنَاكَ سَافَرَا فِي الْبَحْرِ إِلَى قُبْرُسَ."**

كان قادة الكنيسة يخدمون الرب ويصومون معاً، عندما قبلوا إعلاناً بالروح القدس يتضمن فرز اثنين منهم لعمل رسولي خاص، بعد هذا الإعلان، لم يرسل القادة الرسولَيْن إلى الخدمة الجديدة فوراً، بل "**فَصَامُوا حِينَئِذٍ وَصَلُّوا وَوَضَعُوا عَلَيْهِمَا الأَيَادِيَ...**" (ع ٣)،

ثم "**أُرْسِلاَ مِنَ الرُّوحِ الْقُدُسِ**" على حد تعبير الكتاب المقدس في العدد الرابع.

نرى ثانية كيف ينقلنا الصوم من الطبيعي إلى ما فوق الطبيعي، عندما تخلى قادة الكنيسة عن البعد الطبيعي بواسطة الصوم، نالوا إعلاناً وسلطاناً فائقين للطبيعة، وتولى الروح القدس نفسه مسئولية الخدمة كاملة. ونرى أن الصوم الجماعي كان هو مفتاح هذه البركات جميعها.

بعد أن انطلق بولس وبرنابا في هذه الخدمة، نقرأ عما كانا يفعلانه عند تأسيس الكنائس الجديدة من المؤمنين الجدد في المدن المختلفة:

"**وَانْتَخَبَا لَهُمْ قُسُوساً فِي كُلِّ كَنِيسَةٍ، ثُمَّ صَلَّيَا بِأَصْوَامٍ وَاسْتَوْدَعَاهُمْ لِلرَّبِّ الَّذِي كَانُوا قَدْ آمَنُوا بِهِ.**" (أعمال ١٤ : ٢٣)

فلم يكن الصوم مجرد حدث غير عادي يمارس بين وقتٍ وآخر، بل كان ممارسة مستمرة تَمسّك بها الرسل وعلموها لتلاميذهم الجدد في كل مكان.

لقد اعتمد انتشار الإنجيل في أيام الكنيسة الأولى على عاملين رئيسين:

**أولاً:** إرسال الرسل والمبشرين.

**ثانياً:** تأسيس الكنائس الجديدة وتعيين القسوس (أي الشيوخ) في كل كنيسة.

ومن الأهمية أن نلاحظ أن الكنيسة الأولى لم تحاول أن تؤسس كنيسة أو أن تعيّن شيخاً قبل أن تصوم أولاً، وتلجأ إلى اللَّه طلباً للإرشاد الفائق للطبيعة والتماساً للعون الإلهي. **من هنا نستطيع القول أن الصوم الجماعي كان من الأسباب الأساسية لنمو الكنيسة الأولى وامتدادها.**

أخيراً، نقرأ شهادة بولس حول حياته وخدمته، متذكرين أن بولس هو أحد الرسولين اللذين قرأنا عنهما قبل قليل. فيقول بولس:

**"بَلْ فِي كُلِّ شَيْءٍ نُظْهِرُ أَنْفُسَنَا كَخُدَّامِ اللَّهِ: فِي صَبْرٍ كَثِيرٍ، فِي شَدَائِدَ، فِي ضَرُورَاتٍ، فِي ضِيقَاتٍ، فِي ضَرَبَاتٍ، فِي سُجُونٍ، فِي اضْطِرَابَاتٍ، فِي أَتْعَابٍ،**

**فِي أَسْهَارٍ، فِي أَصْوَامٍ، فِي طَهَارَةٍ، فِي عِلْمٍ، فِي أَنَاةٍ، فِي لُطْفٍ، فِي الرُّوحِ الْقُدُسِ، فِي مَحَبَّةٍ بِلاَ رِيَاءٍ،"** (٢كو ٦: ٤ – ٦).

يصف بولس هنا عدة أمور تتعلق بشخصيته وسلوكه، وتنطبق أيضاً على شركائه في الخدمة من رجال اللّه الحقيقيين. من بين ما يعدده بولس نقرأ عن "الأسهار" و "الأصوام": أما الأولى فهي السهر والتخلي عن النوم في الوقت الذي يمكن فيه الخلود إلى الراحة، والثانية هي الامتناع عن الطعام في الوقت الذي يكون فيه بمقدورنا أن نأكل. السهر والصوم رفيقان مثاليان، وهما يذكران جنباً إلى جنب مع الطهارة والعلم والأناة (أي الصبر) واللطف والروح القدس والمحبة الصادقة. **أي أن الكتاب يقدم السهر والصوم على أنهما جزء من عُدة خادم الرب الحقيقي.** وأنا أعتقد أن هذا مازال صحيحاً في نظر اللّه بالنسبة إلينا اليوم، فمقاييس اللّه وإحساناته، هي هي اليوم كما كانت بالنسبة إلى بولس والكنيسة الأولى.

# الفصل الثالث

# الصوم يغيرنا

أشرنا ـ حتى الآن ـ إلى أن الصوم هو امتناع إرادي عن الطعام لأغراض روحية، الصوم هو طريقة أعدها اللَّـه نفسه لمساعدة شعبه على وضع نفوسهم وتذليلها، يسوع نفسه مارس الصوم وعلَّم تلاميذه أن يحذوا حذوه، وقد سارت كنيسة العهد الجديد الأولى على درب سيدها، عندما تحدث يسوع عن الصوم لم يقل: "إذا صمت...،" بل قال: "متى صمت..،" فوضع الصوم في مستوى الصدقة والصلاة كما رأينا في الإصحاح السادس من إنجيل متى.

نريد الآن أن ندرس ميكانيكية عمل الصوم في تغيير شخصية الإنسان الداخلية. وأول ما نراه هو وضوح كلمة اللَّـه المطلق بخصوص الحقيقة التالية: الروح القدس هو الذي يجعل الحياة المسيحية ممكنة، لا يمكن لقوة أخرى أن تمكننا من الحياة في المستوى الذي يطلبه اللَّـه منا كمؤمنين، لا يمكن تحقيق ذلك بقوتنا، بل بالاعتماد الكلي على الروح القدس. لذلك،

**فإن مفتاح الحياة الروحية الناجحة هو معرفة كيفية إطلاق قوة الروح القدس في حياتنا، فعندها فقط نستطيع أن نعمل الأشياء التي لا نقدر عليها بقوتنا الذاتية.**

وقد أوضح يسوع هذه الحقيقة لتلاميذه بعد القيامة، وقبل أن يسمح لهم بالانطلاق إلى خدمتهم في العالم أجمع، فقال في (أعمال الرسل ١: ٨ ):

**"لَكنَّكُمْ سَتَنَالُونَ قُوَّةً مَتَى حَلَّ الرُّوحُ الْقُدُسُ عَلَيْكُمْ، وَتَكُونُونَ لي شُهُوداً في أُورُشَلِيمَ، وَفي كُلِّ الْيَهُودِيَّةِ، وَالسَّامِرَةِ، وَإِلَى أَقْصَى الأَرْضِ".**

فكأنه يقول: "تحتاجون إلى قوة أعظم من قوتكم الذاتية، لكي تقدروا أن تتموا ما أمرتكم به. هذه القوة تأتي إليكم من الروح القدس، فلا تذهبوا ولا تخدموا إلى أن تنالوا قوة الروح القدس."

قارن هذا مع كلمات بولس في رسالته إلى أهل أفسس، حيث يتحدث أساساً عن القوة بالصلاة فيقول:

**"وَالْقَادِرُ أَنْ يَفْعَلَ فَوْقَ كُلِّ شَيْءٍ أَكْثَرَ جِدّاً مِمَّا نَطْلُبُ أَوْ**

نَفْتَكِرُ، بِحَسَبِ الْقُوَّةِ الَّتِي تَعْمَلُ فِينَا" (أفسس ٣: ٢٠).

يقول بولس بأن قدرة اللَّه تفوق حدود أفكارنا وتصوراتنا مهما ارتفعت، ولكن هذا يكون حسب القوة التي تعمل فينا. أي أن مقدار عمل اللَّه فينا لا يعتمد على مقدار ما نريد أو ما نفتكر، بل على مقدار قوة اللَّه العاملة فينا ومن خلالنا، سواء كان ذلك في الصلاة أو التبشير أو أية خدمة أخرى. المفتاح إذا هو معرفة كيفية إطلاق قوة الروح القدس لتعمل فينا كقنوات أو أدوات يعمل الروح من خلالها بلا مانع.

نستطيع الآن أن ننتقل إلى حقيقة أساسية أخرى تعلنها كلمة اللَّه وهي أن:الطبيعة الجسدية القديمة تحارب الروح القدس. إن عدم الخضوع للروح القدس هو من طليعة مميزات الطبيعة القديمة، بل هي في صراع دائم مع الروح.

ويسمي العهد الجديد تلك الطبيعة القديمة التي نتميز بها قبل الولادة الثانية ـ "الجسد" ولا يقصد بالجسد هنا جسمنا المادي، بل مجمل طبيعتنا الموروثة من أبينا الأول (آدم) الذي عصى اللَّه. فهناك، في أعماق

كل واحدٍ منا، يقبع إنسانٌ متمردٌ عاصٍ؛ هذا هو مفهوم الطبيعة القديمة.

يقول بولس في (غلاطية ٥: ١٦ - ١٧) عن الطبيعة القديمة:

**"وَإِنَّمَا أَقُولُ: اسْلُكُوا بِالرُّوحِ فَلاَ تُكَمِّلُوا شَهْوَةَ الْجَسَدِ. لأَنَّ الْجَسَدَ يَشْتَهِي ضِدَّ الرُّوحِ، وَالرُّوحُ ضِدَّ الْجَسَدِ، وَهذَانِ يُقَاوِمُ أَحَدُهُمَا الآخَرَ، حَتَّى تَفْعَلُونَ مَا لاَ تُرِيدُونَ."**

هذا الكلام غاية في الوضوح والأهمية ، فالطبيعة الجسدية القديمة هي في تضاد تام مع روح اللَّـه؛ إذا خضعنا للطبيعة الجسدية؛ نكون مقاومين للروح، إذا أردنا أن نخضع للروح، علينا أن نفعل شيئاً بصدد الطبيعة الجسدية، لأن سيطرة هذه الطبيعة تجعل من كل ما نفعله مضاداً ومقاوماً للروح. وهذا لا ينطبق على رغباتنا المادية فحسب، بل على ما يدعوه الكتاب "اهتمام الجسد" أيضاً. ما هو اهتمام الجسد؟ إنه الفكر الجسدي، إنه الطريقة التي تفكر فيها الطبيعة الجسدية القديمة غير المولودة من اللَّـه. لاحظ الكلمات القوية

التالية، والتي يصف بها بولس اهتمام الجسد: "لأَنَّ اهْتِمَامَ الْجَسَدِ هُوَ عَدَاوَةٌ لِلَّهِ، إِذْ لَيْسَ هُوَ خَاضِعاً لِنَامُوسِ اللَّهِ، لأَنَّهُ أَيْضاً لاَ يَسْتَطِيعُ." (رومية ٨: ٧).

وتضع الترجمة اليسوعية هذه الكلمات بصورة أقرب إلى الأصل فتقول:

لأن فطنة الجسد عداوة لله، إذ لا تخضع لناموس اللَّه، بل هي لا تستطيع الخضوع له.

ما أقوى الكلمات التي يستخدمها بولس! فالجسد يقاوم الروح القدس، وفطنة الجسد (أي الطريقة الجسدية في التفكير) هي عداوة لله، ولا مجال للحياد. لا تقدم كلمة اللَّه أية إشارة إلى إمكانية تحقيق إرادة اللَّه من خلال طبيعة الجسد أو طريقته في التفكير، فهو أمر مستحيل؛ الفكر الجسدي في جوهره عداوة اللَّه.

مرة أخرى، ما هو اهتمام الجسد؟ بل ما هي فطنة الجسد (حسب الترجمة الأدق)؟ إنها مجالات عمل النفس القديمة غير المولودة ثانية، وهذه المجالات هي : الإرادة والفكر والعواطف. ويمكن تلخيص عمل كل منها في عبارة قصيرة، فالإرادة تقول: "أنا أريد،"

والفكر يقول: "أنا أعتقد،" بينما تقول العواطف: "أنا أشعر." وتسيطر تعابير الأنا (ego) هذه على الإنسان غير المولود من اللَّه؛ هذه هي طريقة الطبيعة الجسدية في العمل.

فإذا أردنا أن نخضع للروح القدس لكي يعمل فينا بحرية، ينبغي أن نُخضع الطبيعة الجسدية للروح القدس أولاً: ينبغي أن نُخضع كل من " أنا أريد،" "أنا أعتقد،" و "أنا أشعر" لروح اللَّه. ويمكن تحقيق هذا بالصوم كما تقول كلمة اللَّه، فيسوع نفسه لجأ إلى الصوم من أجل تحقيق ذلك، وكذلك بولس، وكذلك ينبغي أن نفعل أنا وأنت.

فيما يلي صورة الصراع الذي اختبره بولس مع طبيعته الجسدية وكيفية انتصاره عليها. يصف بولس هذا الصراع في (١ كورنثوس ٩: ٢٥ – ٢٧)، حيث يستخدم مصطلحات الرياضيين الذين يتدربون من أجل الفوز في دورة ألعاب رياضية فيقول:

"وَكُلُّ مَنْ يُجَاهِدُ [أو "وكل متنافس" الترجمة العربية الجديدة، المشتركة] يَضْبِطُ نَفْسَهُ فِي كُلِّ شَيْءٍ.

أَمَّا أُولَئِكَ فَلِكَيْ يَأْخُذُوا إِكْلِيلاً يَفْنَى، وَأَمَّا نَحْنُ فَإِكْلِيلاً لاَ يَفْنَى. إِذاً أَنَا أَرْكُضُ هَكَذَا كَأَنَّهُ لَيْسَ عَنْ غَيْرِ يَقِينٍ. هَكَذَا أُضَارِبُ كَأَنِّي لاَ أَضْرِبُ الْهَوَاءَ. بَلْ أَقْمَعُ جَسَدِي وَأَسْتَعْبِدُهُ، حَتَّى بَعْدَ مَا كَرَزْتُ لِلآخَرِينَ لاَ أَصِيرُ أَنَا نَفْسِي مَرْفُوضاً [أي خاسر للسباق]".

لقد أدرك بولس ضرورة قمع طبيعته الجسدية واستعبادها، لكي ينجح في إتمام دعوته الإلهية. وهذا يضعنا أمام سؤال مُلِحٍ: من هو السيد ومن هو العبد في حياة كل واحد منا؟ هل الجسد هو السيد والروح مجرد تابع له؟ أم أن الروح هو السيد والجسد عبده؟ دعوني أؤكد لكم هذه الحقيقة: إما أن يكون الجسد عبداً رائعاً وإما أن يكون سيداً رديئاً.

أذكر الآن ما حدث مع أحد أصدقائي الذي كان يعمل محامياً، وقد سمعني مرة أعلم عن الصوم، فقرر أن ذلك ما يحتاج إليه. حدد صديقي يوما لكي يصوم فيه، وكان ذلك اليوم من أسوأ الأيام بالنسبة إليه؛ فكلما كان يخرج إلى الشارع، كانت تحاصره صور المطاعم من حوله وتتجاذبه روائح الطعام وألوان الحلوى المعروضة في كل مكان، فكان الجوع يسبب

له صراعاً عنيفاً. في نهاية اليوم قال لمعدته: "اسمعي أيتها المعدة، لقد كنتِ متمردة جداً ومزعجة هذا اليوم؛ لذلك، سأعاقبك وأصوم غداً أيضاً."

وأنا أرى في هذا درساً كبيراً يساعدنا في تحديد من هو السيد ومن هو العبد. تذكر، إما أن يكون جسدك عبداً رائعاً، وإما أن يكون سيداً رديئاً. فإذا أردت أن تنجح في حياتك المسيحية، وتنال إكليل السباق الروحي، عليك أن تتأكد من أن جسدك لا يسود عليك ولا يسيطر على حياتك، حتى لا تكون أنت عبداً لشهواته ونزواته. بالمقابل، عليك أن تكون منقاداً بحسب إرادة اللَّه وخطته لحياتك، فتعمل كل ما هو ضروري لإخضاع جسدك واستعباده، لئلا يسود عليك، ويعطّل جهادك في ميدان السباق. وأنا أؤمن بأن الصوم، بطريقة مستمرة ومنتظمة، هو من إحدى الطرق الكتابية الأساسية لتحقيق ذلك.

عندما تصوم فأنت تحيط جسدك علماً بما يلي: "أنت لا تسيطر عليَّ أيها الجسد؛ أنت عبدي وخادمي، وستطيع كل ما يعلنه روح اللَّه في حياتي."

## الفصل الرابع

# الصوم يغير التاريخ

رأينا كيف يغيِّر الصوم شخصياتنا الداخلية تبعاً لمبادئ محددة:

**أولاً**: الإقرار بأن الروح القدس هو مصدر القوة في حياتنا الروحية؛ فهو (الروح القدس) الوحيد الذي يمكننا من أن نحيا حياة روحية حقيقية.

**ثانياً**: الإقرار بأن طبيعتنا الجسدية القديمة تحارب وتقاوم الروح القدس، وهما في صراع دائم؛ فإذا ساد الجسد، يمتنع الروح القدس عن العمل فينا.

**ثالثاً**: الصوم هو الطريقة التي عينها اللَّه لإخضاع الجسد واستعباده. بعد ذلك، يصبح الروح القدس حراً في عمله، ويُمكِّننا من تحقيق إرادة اللَّه في حياتنا.

والواقع أنه لا يمكن قياس أو تصور القوة التي تنتج عن الصلاة والصوم، ذلك عندما يمارسا بدوافع

صحيحة، وبناء على مبادئ كلمة اللَّـه، فالقوة الناتجة لا تغير الأفـراد والعائلات فحسب، بل المدن والأمم والحضارات أيضاً.

نعرض الآن بعض الأمثلة من الكتاب المقدس، والتي تبين تأثير الصوم على مصائر المدن والأمم والممالك. مثالنا الأول من سفر يونان:

دعا اللَّـه يونان النبي المؤمن، لكي يذهب إلى نينوى المدينة الوثنية التي كانت عاصمة للآشوريين. رفض يونان هذه الإرسالية وحاول الهرب من دعوة اللَّـه، فعالج اللَّـه أمر هروبه بأسلوب حاسم وقاس حتى رجع يونان إلى طاعته، فماذا حدث بعد ذلك؟

**"ثُمَّ صَارَ قَوْلُ الرَّبِّ إِلَى يُونَانَ ثَانِيَةً: «قُمِ اذْهَبْ إِلَى نِينَوَى الْمَدِينَةِ الْعَظِيمَةِ وَنَادِ لَهَا الْمُنَادَاةَ الَّتِي أَنَا مُكَلِّمُكَ بِهَا». فَقَامَ يُونَانُ وَذَهَبَ إِلَى نِينَوَى بِحَسَبِ قَوْلِ الرَّبِّ. أَمَّا نِينَوَى فَكَانَتْ مَدِينَةً عَظِيمَةً لِلَّهِ مَسِيرَةَ ثَلاَثَةِ أَيَّامٍ. فَابْتَدَأَ يُونَانُ يَدْخُلُ الْمَدِينَةَ مَسِيرَةَ يَوْمٍ وَاحِدٍ، وَنَادَى: «بَعْدَ أَرْبَعِينَ يَوْماً تَنْقَلِبُ نِينَوَى»."**
(يونان ٣: ١ – ٤).

كانت رسالة يونان البسيطة بمثابة إنذار أخير من الدينونة الوشيكة على المدينة، وكان تجاوب أهل نينوى مذهلاً:

"**فَآمَنَ أَهْلُ نِينَوَى بِاللَّهِ، وَنَادُوا بِصَوْمٍ وَلَبِسُوا مُسُوحاً مِنْ كَبِيرِهِمْ إِلَى صَغِيرِهِمْ. وَبَلَغَ الأَمْرُ مَلِكَ نِينَوَى، فَقَامَ عَنْ كُرْسِيِّهِ وَخَلَعَ رِدَاءَهُ عَنْهُ وَتَغَطَّى بِمِسْحٍ، وَجَلَسَ عَلَى الرَّمَادِ.**" (يونان ٣ : ٥ – ٦).

نرى هنا صورة لمدينة تتوب بأكملها إلى اللّه بالصوم والتذلل الشديد، أما البيان الذي أصدره الملك فكان أعجب وأغرب:

"**وَنُودِيَ فِي نِينَوَى عَنْ أَمْرِ الْمَلِكِ وَعُظَمَائِهِ: «لاَ تَذُقِ النَّاسُ وَلاَ الْبَهَائِمُ وَلاَ الْبَقَرُ وَلاَ الْغَنَمُ شَيْئاً. لاَ تَرْعَ وَلاَ تَشْرَبْ مَاءً.**" (يونان ٣: ٧)

كان هذا صوماً جماعياً وشاملاً، فلم يصم الناس فقط، بل الدواب أيضاً، ولم يقتصر الصوم على الإمتناع عن الطعام فقط، بل عن الماء أيضاً. ويضيف البيان الملكي آمراً بما يلي:

" وَلْيَتَغَطَّ بِمُسُوحٍ* النَّاسُ وَالْبَهَائِمُ وَيَصْرُخُوا إِلَى
اللهِ بِشِدَّةٍ، وَيَرْجِعُوا كُلُّ وَاحِدٍ عَنْ طَرِيقِهِ الرَّدِيئَةِ وَعَنِ
الظُّلْمِ الَّذِي فِي أَيْدِيهِمْ" (يونان ٣: ٨).

وقد كان هذا التجاوب مهماً جداً، فالصوم لا يجدي
شيئاً إن كنا نستمر بعمل الأخطاء والخطايا التي اعتدنا
عليها. أما الصوم الذي يتضمن قوة التوبة عن ما هو
خاطئ إلى ما هو صائب، فهو ممارسة لا تقدر بثمن.

إذاً، لم يصم أهل نينوى ويلبسوا المسوح فحسب،
لكنهم رجعوا "كُلُّ وَاحِدٍ عَنْ طَرِيقِهِ الرَّدِيئَةِ وَعَنِ
الظُّلْمِ الَّذِي فِي أَيْدِيهِمْ" (ع ٨)؛ نعرف من مقاطع
كتابية أخرى بأن الظلم (أو العنف كما تنص الترجمة
العربية الجديدة المشتركة) هو الخطية التي تميز بها
أهل نينوى. ويختتم البيان الملكي بما يلي:

" لَعَلَّ اللهَ يَعُودُ وَيَنْدَمُ وَيَرْجِعُ عَنْ حُمُوِّ غَضَبِهِ فَلاَ
نَهْلِكَ»." (يونان ٣: ٩)

وفيما يلي موقف اللّٰه مما حدث:

---

* المسوح: هو قماش خشن، يصنع من القنب أو شعر الماعز وتُنسج منه
الأكياس، ويتم ارتداؤه دلالة على التوبة.

" فَلَمَّا رَأَى اللهُ أَعْمَالَهُمْ أَنَّهُمْ رَجَعُوا عَنْ طَرِيقِهِم الرَّدِيئَةِ، نَدِمَ* اللهُ عَلَى الشَّرِّ الَّذِي تَكَلَّمَ أَنْ يَصْنَعَهُ بِهِمْ فَلَمْ يَصْنَعْهُ." (يونان ٣: ١٠).

تتذكرون يوحنا المعمدان ورسالته عن التوبة، وكيف جاء الفريسيون والصدوقيون ليعتمدوا منه، فطالبهم بإظها ثمار التوبة في حياتهم أولاً: إذاً لا فائدة من أن تقول بأنك تائب من دون أن تظهر نتائج توبتك من خلال أعمالك (أنظر متى ٣: ٧ – ٨). ففي حالة نينوى، رأى اللّه توبتهم ورجوعهم عن طرقهم الرديئة، فتحنن وأبعد عنهم الدمار الذي كانوا يستحقونه.

من المثير أيضاً أن نعرف بأن نينوى بقيت سالمة من الخراب لمدة مئتي عام بعد هذه الحادثة، وقد نجا كل ذلك الجيل التائب من الدينونة. خلال ذلك الوقت، كان اللّه قد أرسل أنبياء كُثر إلى إسرائيل مثل عاموس

---

* ندم: لا يراد بالندم هنا التراجع عن الخطأ، فاللّه منزّه عن التبدل والتقلب والخطأ. لكن مفهوم هذه الكلمة ـ كما يقصد الكتاب ـ يشير إلى رفع الغضب (المعلن على الخطية دائماً وأبداً)، وإبداله بالرحمة (المعلنة على التائبين دائماً وأبداً).

وهوشع وغيرهم ممن حملوا رسالة التحذير والدينونة، ونادوا بالتوبة في شعب اللَّه القديم، إلا أنهم لم يتوبوا ولم يرجعوا إلى اللَّه، رغم أن لهم الكتب والشريعة وكان فيهم موسى والأنبياء، وهي امتيازات لم يتمتع بها أهل نينوى الذين زارهم نبي واحد مرة واحدة، فتابت المدينة كلها، أليس ذلك مذهلاً؟! ومن النتائج المثيرة أيضاً، أن اللَّه حافظ على نينوى عاصمة الآشوريين، ثم استخدم الآشوريين أنفسهم لتنفيذ دينونته على اسرائيل.

إن دينونة اللَّه على إسرائيل تقف شاهداً ونذيراً لمن يدَّعون المسيحية في الغرب وفي كل مكان، فنحن ـ المدعوين مسيحيين ـ نملك التقليد والتاريخ المسيحي الحافل، والكتب المقدسة، والكنيسة، فهل أصابنا الصمم الذي أصاب اليهود أمام صوت اللَّه وندائه جيلاً بعد جيل؟ وهل يرسل اللَّه صوته إلى أمم من خلفية غير مسيحية تقبل فداءه وصليبه، وتكون فيما بعد أداة يديننا بها اللَّه؟ هل تكون الصين مثلاً مؤهلة لكي تدين المسيحيين الإسميين في كل مكان؟ وهل تقف قصة أهل نينوى كنمطٍ قابل للتطبيق في أيامنا هذه؟.

مثال آخر عن أثر الصوم في تغيير التاريخ نأخذه من سفر أستير:

كان اليهود مسبيين في مملكة فارس، والتي تكونت من ١٢٧ مقاطعة كانت تعرف باسم " العالم القديم" وتمتد من مصر إلى الهند. كل اليهود كانوا يعيشون ضمن حدود مملكة فارس في ذلك الوقت.

وكان هناك رجل اسمه "هامان"، كان لهامان مركز سياسي رفيع في مملكة فارس، وقد ألحَّ على الملك لكي يصدر مرسوماً عاماً يأمر فيه بالقضاء على اليهود الساكنين في مملكته في يوم معين، وكانت هذه المحاولة من بين محاولات تدمير اليهود، فهي أكثر خطورة مما عمد إليه أدولف هتلر في الحرب العالمية الثانية، وكانت هذه الأزمة من أشد الأزمات التي واجهت اليهود عبر التاريخ، لكنهم تجاوبوا مع هذه الأزمة بالتوجه إلى اللَّه بالصلوات والأصوام.

وتقف الملكة أستير (وهي يهودية ولكن الملك لا يعرف حقيقة نسبها) مثالاً للأجيال التي جاءت بعدها في إظهار قوة الصوم والصلاة الشفاعية التي تغير التاريخ. فيما يلي

وصف لذلك من (أستير ٤: ١٥ - ١٧):

"فَقَالَتْ أَسْتِيرُ أَنْ يُجَاوَبَ مُرْدَخَايُ*: «اذْهَبِ اجْمَعْ
جَمِيعَ الْيَهُودِ الْمَوْجُودِينَ فِي شُوشَنَ وَصُومُوا مِنْ
جِهَتِي، وَلاَ تَأْكُلُوا وَلاَ تَشْرَبُوا ثَلاَثَةَ أَيَّامٍ لَيْلاً وَنَهَاراً.
وَأَنَا أَيْضاً وَجَوَارِيَّ نَصُومُ كَذَلِكَ. وَهَكَذَا أَدْخُلُ إِلَى الْمَلِكِ
خِلاَفَ السُّنَّةِ*. فَإِذَا هَلَكْتُ هَلَكْتُ». فَانْصَرَفَ مُرْدَخَايُ
وَعَمِلَ حَسَبَ كُلِّ مَا أَوْصَتْهُ بِهِ أَسْتِيرُ."

لقد عرف اليهود ماذا يفعلون، فهم يعرفون ذلك
من مراسيم يوم الكفارة، كانوا يفهمون كيف يذللون
أنفسهم بالصوم أمام اللّه. وهكذا، كرس جميع اليهود،
من أستير فما دون، ثلاثة أيام للصوم والصلاة، فماذا
كانت النتيجة؟

وفي (أستير ٥ : ١ - ٣) نقرأ هذه الكلمات:

" وَفِي الْيَوْمِ الثَّالِثِ (من أيام الصلاة والصوم)
لَبِسَتْ أَسْتِيرُ ثِيَاباً مَلَكِيَّةً وَوَقَفَتْ فِي دَارِ بَيْتِ الْمَلِكِ

---

* مردخاي: هو ابن عم أستير ومربيها وأبوها بالتبني (أنظر أستير ٢: ٥-٧).

* خلاف السنة: أي القانون الذي يصدره الملك، وكان ينص هنا على ألا
تدخل أستير إلى الملك ثلاثين يوماً (أنظر أستير ٤: ١١)

**الدَّاخليَّة مُقَابِلَ بَيْتِ الْمَلك، وَالْمَلكُ جَالِسٌ عَلَى كُرْسِيِّ مُلْكه في بَيْتِ الْمُلْك مُقَابِلَ مَدْخَلِ الْبَيْت. فَلَمَّا رَأَى الْمَلكُ أَسْتِيرَ الْمَلكَةَ وَاقِفَةً في الدَّارِ نَالَتْ نِعْمَةً في عَيْنَيْه، فَمَدَّ الْمَلكُ لأَسْتِيرَ قَضِيبَ الذَّهَبِ الَّذي بِيَده فَدَنَتْ أَسْتِيرُ وَلَمَسَتْ رَأْسَ الْقَضِيب. فَقَالَ لَهَا الْمَلكُ:** «**مَا لَكِ يَا أَسْتِيرُ الْمَلكَةُ، وَمَا هِيَ طِلْبَتُكِ؟ إِلَى نِصْفِ الْمَمْلَكَةِ تُعْطَى لَكِ**»."

دخلت أستير بطلبتها إلى الملك، فغيرت بذلك مجرى تاريخ مملكة فارس؛ لقد حظي شعبها بالإكرام والرفعة بدلاً من الذل والهزيمة، وكذلك الحال بالنسبة إلى أستير ومردخاي قادة الشعب. أين كانت نقطة التحول؟، إنها الأيام الثلاثة التي كرسها اليهود مع أستير من أجل الصوم وطلب اللَّه، فتغير مصيرهم. عندما دخلت أستير إلى الملك وقال لها: «**مَا لَكِ يَا أَسْتِيرُ الْمَلكَةُ، وَمَا هِيَ طِلْبَتُكِ؟ إِلَى نِصْفِ الْمَمْلَكَةِ تُعْطَى لَكِ**»، كان ذلك بمثابة باب مفتوح أمام أستير بسبب الصوم والصلاة، وصار باستطاعتها أن تطلب ما تشاء لأجل شعبها.

وهكذا تقف أستير قدوة رائعة لنا اليوم، فاللَّه يبحث

عن رجال ونساء مثل أستير يدركون حساسية ظروفنا وأحوالنا، فيتوجهون إلى اللَّه بالصوم والصلاة، ويقودون الآخرين أيضاً إلى ذلك. فمازال الصوم والصلاة يمثلان دعوة لتدخل اللَّه في أمور البشر، وذلك في ظروف حساسة، وأحوال حرجة يمر بها العالم اليوم، تماماً كما كان في أيام أستير. واليوم، مازال اللَّه يحث المؤمنين ويشجعهم على الانتباه الدائم إلى الصلاة والصوم.

## الفصل الخامس

# مقدمة للمطر المتأخر

تطرقنا في الفصول السابقة إلى دراسة القوة الهائلة التي تأتي نتيجة للصلاة والصوم، وذلك حين تتم ممارستها بدافع صحيح وحسب مبادئ كلمة اللَّـه المكتوبة. ورأينا أن هذه القوة لا تغيِّر الأفراد والعائلات فحسب، بل تغير المدن والأمم والحضارات أيضاً. وقد استشهدنا بمثالين من تاريخ الكتاب المقدس: مدينة نينوى أيام يونان، واليهود في مملكة فارس، ففي كل حالة منهما كان مجرى التاريخ قد تغير بصورة جذرية عندما وضع بعض المؤمنين نفوسهم وتذللوا أمام اللَّـه بالصلاة والصوم.

ولا ينبغي لنا أن ننظر إلى هذا البرهان لقوة اللَّـه التي تغيِّر التاريخ على أنها جزء من الماضي، فبالوسائل نفسها (الصلاة والصوم) نستطيع اليوم أن ندعو اللَّـه لكي يتدخل في تاريخنا الحاضر، وبنفس القوة والتأثير الذي يسجله لنا الكتاب المقدس. إنها حاجة ملحة، وهي إمكانية مجيدة، بل إنني أؤمن أن

اللّـه ينتظر مثل هذا الموقف منـا.

ولفهم ما يتوقعه اللّـه منـا من جهة هذا الموضوع، نعود إلى سفر النبي يوئيل، حيث يقدم يوئيل صورة شاملة وموجزة لأهداف اللّـه من نحو شعبه في هذه الأيام الأخيرة. ويستهل يوئيل حديثه بمشهد يمثل قمة الدمار والخراب، ففي الإصحاح الأول من يوئيل صورة قاتمة لحالة من اليأس وانعدام الرجاء.

**"نُوحِي يَا أَرْضِي كَعَرُوس مُؤْتَزِرَةٍ بِمِسْحٍ مِنْ أَجْلِ بَعْلِ صِبَاهَا. انْقَطَعَتِ التَّقْدِمَةُ وَالسَّكِيبُ عَنْ بَيْتِ الرَّبِّ. نَاحَتِ الْكَهَنَةُ خُدَّامُ الرَّبِّ. تَلِفَ الْحَقْلُ. نَاحَتِ الأَرْضُ، لأَنَّهُ قَدْ تَلِفَ الْقَمْحُ. جَفَّ الْمِسْطَارُ(أي الخمر). ذَبُلَ الزَّيْتُ. خَجِلَ الْفَلاَّحُونَ. وَلْوِلَ الْكَرَّامُونَ عَلَى الْحِنْطَةِ وَعَلَى الشَّعِيرِ، لأَنَّهُ قَدْ تَلِفَ حَصِيدُ الْحَقْلِ. اَلْجَفْنَةُ (أي الكرم) يَبِسَتْ، وَالتِّينَةُ ذَبُلَتْ. الرُّمَّانَةُ وَالنَّخْلَةُ وَالتُّفَّاحَةُ، كُلُّ أَشْجَارِ الْحَقْلِ يَبِسَتْ. إِنَّهُ قَدْ يَبِسَتِ الْبَهْجَةُ مِنْ بَنِي الْبَشَرِ"** (يوئيل ١: ٨-١٢).

إنها صورة مليئة بالنواح والدمار واليأس والقحط وغياب البهجة، لكن اللّـه يكشف عن العلاج

الذي أعدّه لـهذه الحـال، وذلك في الأعداد التي تلت ذلك مباشرةً، حيث يوصي شعبه قائلاً:

"تَنَطَّقُوا وَنُوحُوا أَيُّهَا الْكَهَنَةُ. وَلْوِلُوا يَا خُدَّامَ الْمَذْبَحِ. ادْخُلُوا بِيتُوا بِالْمُسُوحِ يَا خُدَّامَ إِلَهِي، لأَنَّهُ قَدِ امْتَنَعَ عَنْ بَيْتِ إِلَهِكُمُ التَّقْدِمَةُ وَالسَّكِيبُ. قَدِّسُوا صَوْماً. نَادُوا بِاعْتِكَافٍ. اجْمَعُوا الشُّيُوخَ جَمِيعَ سُكَّانِ الأَرْضِ إِلَى بَيْتِ الرَّبِّ إِلَهِكُمْ وَاصْرُخُوا إِلَى الرَّبِّ." (يوئيل ١: ١٣ – ١٤).

العـلاج الذي يقدمـه اللَّه هـو تقديس صوم، ثم اللجوء إلى اللَّه بالصلاة والتضرع. أما "تقديس الصوم" فيعني تخصيص أو تكريس وقت معيّن لله وممارسة الصـوم خـلال ذلك الوقت ويكرر اللَّه الوصايا في (يوئيل ٢: ١٢) حيث نقرأ:

"وَلَكِنِ الآنَ يَقُولُ الرَّبُّ: «ارْجِعُوا إِلَيَّ بِكُلِّ قُلُوبِكُمْ، وَبِالصَّوْمِ وَالْبُكَاءِ وَالنَّوْحِ»".

فـالمطلب الأسـاسي هـو الصوم أيضـاً. والمزيد في الإصحاح نفسه حيث نقرأ الآيات من ١٥ إلى ١٧:

"اِضْرِبُوا بِالْبُوقِ فِي صِهْيَوْنَ [إشارة إلى إعلان يشمل كل شعب اللَّـه]. قَدِّسُوا صَوْماً. نَادُوا بِاعْتِكَافٍ. اِجْمَعُوا الشَّعْبَ. قَدِّسُوا الْجَمَاعَةَ. احْشُدُوا الشُّيُوخَ. اجْمَعُوا الأَطْفَالَ وَرَاضِعِي الثُّدِيِّ. لِيَخْرُجِ الْعَرِيسُ مِنْ مِخْدَعِهِ، وَالْعَرُوسُ مِنْ حَجَلَتِهَا [إشارة إلى التخلي عن كل مشاغل الحياة بدون تحفظ، والإنصباب الكلي على طلب اللَّـه]. لِيَبْكِ الْكَهَنَةُ خُدَّامُ الرَّبِّ بَيْنَ الرِّوَاقِ وَالْمَذْبَحِ، وَيَقُولُوا: «اشْفِقْ يَا رَبُّ عَلَى شَعْبِكَ، وَلاَ تُسَلِّمْ مِيرَاثَكَ لِلْعَارِ حَتَّى تَجْعَلَهُمُ الأُمَمُ مَثَلاً. لِمَاذَا يَقُولُونَ بَيْنَ الشُّعُوبِ: أَيْنَ إِلَـهُهُمْ؟»." (يوئيل ٢: ١٥إلى١٧).

وفيما يلي يقدم اللَّـه وعده باستجابة صلوات شعبه وصومهم:

"وَيَا بَنِي صِهْيَوْنَ، ابْتَهِجُوا وَافْرَحُوا بِالرَّبِّ إِلَـهِكُمْ، لأَنَّهُ يُعْطِيكُمُ الْمَطَرَ الْمُبَكِّرَ عَلَى حَقِّهِ، وَيُنْزِلُ عَلَيْكُمْ مَطَراً مُبَكِّراً وَمُتَأَخِّراً فِي أَوَّلِ الْوَقْتِ، فَتُمْلأُ الْبَيَادِرُ حِنْطَةً، وَتَفِيضُ حِيَاضُ الْمَعَاصِرِ خَمْراً وَزَيْتاً. «وَأُعَوِّضُ لَكُمْ عَنِ السِّنِينَ الَّتِي أَكَلَهَا الْجَرَادُ، الْغَوْغَاءُ وَالطَّيَّارُ وَالْقَمَصُ جَيْشِي الْعَظِيمُ، الَّذِي أَرْسَلْتُهُ عَلَيْكُمْ. فَتَأْكُلُونَ

أَكْلاً وَتَشْبَعُونَ، وَتُسَبِّحُونَ اسْمَ الرَّبِّ إِلَهِكُمُ الَّذِي صَنَعَ مَعَكُمْ عَجَباً، وَلاَ يَخْزَى شَعْبِي إِلَى الأَبَدِ. وَتَعْلَمُونَ أَنِّي أَنَا فِي وَسَطِ إِسْرَائِيلَ، وَأَنِّي أَنَا الرَّبُّ إِلَهُكُمْ وَلَيْسَ غَيْرِي، وَلاَ يَخْزَى شَعْبِي إِلَى الأَبَدِ. «وَيَكُونُ بَعْدَ ذَلِكَ أَنِّي أَسْكُبُ رُوحِـي عَلَى كُلِّ بَشَـرٍ، فَيَتَنَبَّأُ بَنُوكُمْ وَبَنَاتُكُمْ، وَيَحْلَمُ شُيُوخُكُمْ أَحْلاَماً، وَيَـرَى شَبَابُكُمْ رُؤَى. وَعَلَى الْعَبِيدِ أَيْضاً وَعَلَى الإِمَـاءِ أَسْكُبُ رُوحِي فِـي تِلْكَ الأَيَّـامِ" (يوئيل ٢ :٢٣ إلى ٢٩).

يعد اللَّه شعبه بالمعونة استجابة لصلاتهم وصومهم؛ يعد اللَّه بتغيير الوضع تغييراً شاملاً، فتنتهي مواسم الحرمان والقحط، ويكثر الثمر وتفيض المعاصر، فلا يكون شعب اللَّه عاراً وسط الشعوب فيما بعد، بل يرفعون رؤوسهم ويقول الناس عنهم :

«إِنَّ الـرَّبَّ قَـدْ عَظَّمَ الْـعَـمَلَ مَـعَ هَـؤُلاَءِ» (مزمور ١٢٦: ٢)

وبشكل خاص، وعد اللَّه بإرسال حاجة شعبه الماسة وهي المطر المبكر والمتأخر، ثم يقول، مشيراً إلى المعنى الروحي للمطر: "... أسكب روحي على كل

بشر..." وفي العهد الجديد نقرأ كلمات الرسول بطرس مخاطباً الجموع التي احتشدت بعد انسكاب الروح القدس يوم الخمسين:

"**بَلْ هَذَا مَا قِيلَ بِيُوئِيلَ النَّبِيِّ: يَقُولُ اللَّـهُ: وَيَكُونُ فِي الأَيَّامِ الأَخِيرَةِ أَنِّي أَسْكُبُ مِنْ رُوحِي عَلَى كُلِّ بَشَرٍ، فَيَتَنَبَّأُ بَنُوكُمْ وَبَنَاتُكُمْ، وَيَرَى شَبَابُكُمْ رُؤىً، وَيَحْلُمُ شُيُوخُكُمْ أَحْلاَماً. وَعَلَى عَبِيدِي أَيْضاً وَإِمَائِي أَسْكُبُ مِنْ رُوحِي فِي تِلْكَ الأَيَّامِ فَيَتَنَبَّأُونَ.**" (أعمال الرسل ٢: ١٦ إلى ١٨).

لقد أعد اللّـه انسكاباً شاملاً لروحه على كنيسته في هذه الأيام الأخيرة، إنها استجابة اللّـه لحاجات وضغوطات هذه الأيام، إنها الطريقة التي يرد بها اللّـه على قوات الظلمة الشيطانية التي تتحدى شعبه على جبهات كثيرة، وهي ما يقدمه لعلاج الجفاف والآفات التي تفتك بكنيسته. فاللّـه لا ينوي أن يترك شعبه يائساً تحت رحمة قوات الشر، لكنه يقدم علاجاً، فقد وعد بأن يسكب روحه لكي يعين شعبه بطريقة فائقة للطبيعة. لكن اللّـه وضع شروطاً ينبغي تحقيقها أولاً، وهي ضرورة أن نطلبه بالصلاة والصوم، وبطريقة

تتصف بالوحدة والشمولية.

لاحظ الوعد في (يوئيل ٢ : ٢٨) : "**وَيَكُونُ بَعْدَ ذَلِكَ أَنِّي أَسْكُبُ رُوحِي عَلَى كُلِّ بَشَرٍ...**" بعد ماذا؟ أن تتحقق شروط اللَّه : قدسوا صوماً، نادوا باعتكاف، قدسوا الجماعة، احشدوا الجميع بلا استثناء من أجل الصلاة والصوم الجماعي. بعد ذلك فقط، يحقق اللَّه وعده الأمين، فيأتي بقوة الروح القدس وملئه، لكي يغير كل شيء. حينئذٍ، ينعم الشعب بالقوة والخدمة الفعالة المثمرة عوضاً عن الخوف والهزيمة؛ وعوضاً عن نظرة السخرية والإستهزاء، ينظر الناس إليهم مندهشين من تدخل اللَّه ومعونته لشعبه.

وتضع رسالة يوئيل مسئولية خاصة على القادة، حيث يشير النص إشارة خاصة إلى ثلاث فئات محددة: الكهنة، الخدام، الشيوخ. ونجد هذا في (يوئيل ١: ١٣ – ١٤) حيث نقرأ:

"**تَنَطَّقُوا وَنُوحُوا أَيُّهَا الْكَهَنَةُ. وَلْوِلُوا يَا خُدَّامَ الْمَذْبَحِ... نَادُوا بِاعْتِكَافٍ. اجْمَعُوا الشُّيُوخَ...**"

فالتركيز هنا ينصب على الكهنة والخدام والشيوخ.

وفي (يوئيل ٢ : ١٦ – ١٧) يوصي اللَّـه قـائلاً:

"**اجْمَعُوا الشَّعْبَ. قَدِّسُوا الْجَمَاعَةَ. احْشُدُوا الشُّيُوخَ... لِيَبْكِ الْكَهَنَةُ خُدَّامُ الرَّبِّ بَيْنَ الرِّواقِ وَالْمَذْبَحِ،...**"، فهناك حاجة ملحة إلى قادة يكونون قدوة لشعب اللَّـه في الصلاة الجماعية والصوم طالبين تدخل اللَّـه من أجل شعبه.

وهذا ينطبق علينا اليوم، فنحن نحتاج إلى رؤية الحق الوارد في ذلك المقطع المألوف في (٢أخبار الأيام ٧: ١٤) :

"**فَإِذَا تَوَاضَعَ شَعْبِي الَّذِينَ دُعِيَ اسْمِي عَلَيْهِمْ، وَصَلُّوا وَطَلَبُوا وَجْهِي، وَرَجَعُوا عَنْ طُرُقِهِم الرَّدِيئَة، فَإِنِّي أَسْمَعُ مِنَ السَّمَاءِ وَأَغْفِرُ خَطِيَّتَهُمْ وَأُبْرِئُ أَرْضَهُمْ**".

أنا أؤمن أن هذه الرسالة هي لنا اليوم، حيث يعلن اللَّـه ثانيةً إرادته ورغبته بالتدخل في هذا العالم على نطاق واسع، لا لإظهار قوته في الأفراد والعائلات فقط، بل في المدن والمجتمعات والبلاد والأمم.

وعلى غرار ما ورد في (٢ أخبار الأيام ٧: ١٤)، هناك

شروط ينبغي تحقيقها قبل أن يحقق اللَّه وعده بالتدخل الشامل، أول هذه الشروط، "**فَإِذَا تَوَاضَعَ شَعْبِي...**" وقد رأينا عبر هذه الدراسة بأن التواضع يعني الصلاة والصوم بروح الوحدة والجماعية. فمنذ يوم الكفارة وحتى الآن، كانت هذه هي الطريقة التي أعدها اللَّه لكي يمكِّن شعبه من وضع نفوسهم وتذليلها أمامه. ومازال ذلك صحيحاً إلى ساعتنا هذه، فاللَّه ينتظر من القادة أن يقودوا شعبه بتواضع إلى وحدة الصوم والصلاة. حينئذٍ، يسمع اللَّه لنا كما وعد، ويغفر، ويشفي الأرض.